T0198677

essentials

essentials liefern aktuelles Wissen in konzentrierter Form. Die Essenz dessen, worauf es als „State-of-the-Art" in der gegenwärtigen Fachdiskussion oder in der Praxis ankommt. *essentials* informieren schnell, unkompliziert und verständlich

- als Einführung in ein aktuelles Thema aus Ihrem Fachgebiet
- als Einstieg in ein für Sie noch unbekanntes Themenfeld
- als Einblick, um zum Thema mitreden zu können

Die Bücher in elektronischer und gedruckter Form bringen das Expertenwissen von Springer-Fachautoren kompakt zur Darstellung. Sie sind besonders für die Nutzung als eBook auf Tablet-PCs, eBook-Readern und Smartphones geeignet. *essentials:* Wissensbausteine aus den Wirtschafts-, Sozial- und Geisteswissenschaften, aus Technik und Naturwissenschaften sowie aus Medizin, Psychologie und Gesundheitsberufen. Von renommierten Autoren aller Springer-Verlagsmarken.

Weitere Bände in dieser Reihe http://www.springer.com/series/13088

Paul Wittenbrink

Strategie-Check Transport- und Logistikunternehmen

Ansätze zur Ergebnisverbesserung und strategischen Positionierung

Springer Gabler

Prof. Dr. Paul Wittenbrink
Duale Hochschule Baden-Württemberg
Lörrach, Deutschland

ISSN 2197-6708   ISSN 2197-6716 (electronic)
essentials
ISBN 978-3-658-14335-0   ISBN 978-3-658-14336-7 (eBook)
DOI 10.1007/978-3-658-14336-7

Die Deutsche Nationalbibliothek verzeichnet diese Publikation in der Deutschen National-
bibliografie; detaillierte bibliografische Daten sind im Internet über http://dnb.d-nb.de abrufbar.

Springer Gabler

Gedruckt auf säurefreiem und chlorfrei gebleichtem Papier

Springer Gabler ist Teil von Springer Nature
Die eingetragene Gesellschaft ist Springer Fachmedien Wiesbaden GmbH

Was Sie in diesem *essential* finden können

- Ergebnisse einer Umfrage zur strategischen Positionierung von Transport- und Logistikunternehmen
- Ansätze von Transport- und Logistikunternehmen zur Ergebnisverbesserung
- Auf Basis der Umfrageergebnisse werden konkrete Handlungsempfehlungen hinsichtlich folgender Themenbereiche entwickelt:
  - Kunden
  - Produkte
  - Preise
  - Offerten/Vertrieb
  - Kostenrechnung/Controlling
  - Strategie
  - Finanzen/Liquidität
  - Personal
- Insofern kann das *essential* auch als Checkliste zur ersten Überprüfung der strategischen Positionierung und der eigenen Ansätze zur Ergebnisverbesserung dienen.

Vorwort

Angesichts stagnierender oder auch sinkender Preise für Transportunternehmen, einer volatilen Marktsituation und eines intensiven Wettbewerbs ist es für Transport- und Logistikunternehmen wichtig, über eine ausgefeilte Strategie[1] zu verfügen und sämtliche Potenziale zur Ergebnisverbesserung auszuschöpfen. Um den Unternehmen die Möglichkeit zu geben, selbst zu überprüfen, wie gut und professionell sie dabei heute aufgestellt sind, habe ich gemeinsam mit der hwh Gesellschaft für Transport- und Unternehmensberatung mbH[2] ein internetbasiertes Tool „Strategie-Check Transport und Logistik" entwickelt, bei dem die Unternehmen eine Selbsteinschätzung vornehmen können. Die Ergebnisse und die daraus entwickelten Handlungsempfehlungen möchte ich Ihnen mit diesem *essential* vorstellen.

Die Entwicklung des Tools wurde finanziell von der ExxonMobil unterstützt. Zudem erfolgte eine fachliche Begleitung durch den Verband für Verkehrswirtschaft und Logistik NRW (VVWL), insbesondere durch Herrn Leusmann und Herrn Heinz.[3] Für die finanzielle und fachliche Unterstützung möchte sich der Autor an dieser Stelle ausdrücklich bedanken.

---

[1]Zur strategischen Positionierung von Transport- und Logistikunternehmen vgl. Wittenbrink, Paul (2014), Transportmanagement - Kostenoptimierung, Green Logistics und Herausforderungen an der Schnittstelle Rampe, 2., vollständig neu bearbeitete und erweiterte Auflage, Wiesbaden 2014, S. 53 ff.

[2]www.hwh-transport.de und www.hwh-beratung.com

[3]www.vvwl.de

Sofern ich Ihnen mit diesem *essential* die ein oder andere Anregung im Bereich Transportmanagement geben kann, würde mich das freuen. Auch freue ich mich über Anregungen und Kritik (wittenbrink@hwh-beratung.com). Und wenn wir Sie bei Ihrer strategischen Positionierung unterstützen können, kommen Sie gerne auf uns zu.

Prof. Dr. Paul Wittenbrink

Inhaltsverzeichnis

Abbildungsverzeichnis

Tabellenverzeichnis

Konzept der Umfrage und Struktur der befragten Unternehmen

Diesem Buch liegt eine Umfrage zugrunde, die auf dem von der hwh Gesellschaft für Transport- und Unternehmensberatung mbH[1] entwickelten internetbasierten Tool „Strategie-Check Transport und Logistik" basiert, mit dem Transport- und Logistikunternehmen eine Selbsteinschätzung ihrer strategischen Positionierung sowie ihrer Ansätze zur Ergebnisverbesserung vornehmen konnten.

Insgesamt wurden Fragen zu den folgenden acht Themenbereichen gestellt:

- Kunden
- Produkte
- Preise
- Offerten/Vertrieb
- Kostenrechnung/Controlling
- Strategie
- Finanzen/Liquidität
- Geschäftslage und Ergebnissituation

Dabei hatten die Unternehmen die Möglichkeit, bei den Fragen, z. B. „Unser größter Kunde hat einen Umsatzanteil von nicht mehr als 30 %", zwischen der Einschätzung

- „Die Aussage trifft für unser Unternehmen eher zu" oder
- „Die Aussage trifft für unser Unternehmen eher nicht zu".

zu wählen.

---

[1] www.hwh-transport.de.

© Springer Fachmedien Wiesbaden 2016
P. Wittenbrink, *Strategie-Check Transport- und Logistikunternehmen*, essentials,
DOI 10.1007/978-3-658-14336-7_1

Im Folgenden werden die Ergebnisse im Detail vorgestellt. Die Ergebnisse erheben keinen Anspruch auf Repräsentativität im strengen statistischen Sinne. Insbesondere für nicht ganz kleine, mittlere und große Transportunternehmen lassen sich aber interessante Trends ableiten. Zunächst werden jeweils die Ergebnisse für sämtliche Unternehmen gezeigt. Da sich aber die Frage stellt, ob es Unterschiede bei den Antworten großer und kleiner Unternehmen gibt, werden die Ergebnisse zusätzlich nach Unternehmensgröße dargestellt, wobei zwischen Unternehmen mit einem Umsatz von bis zu 5 Mio. € und mehr als 5 Mio. € unterschieden wird.

An der Umfrage haben sich insgesamt 196 Unternehmen beteiligt. Die Umfrage lief in zwei Wellen. Die erste Welle erfolgte im Herbst 2014 gemeinsam mit dem Verband für Verkehrswirtschaft und Logistik NRW (VVWL), der seine Mitglieder zur Teilnahme an der internetbasierten Umfrage aufgerufen hat. Eine zweite Welle erfolgte im Frühjahr 2015, bei der die Fachzeitschrift Verkehrs-Rundschau auf die Umfrage hingewiesen hat. Zudem hat der Bundesverband Güterkraftverkehr Logistik und Entsorgung (BGL) e. V.[2] seinen Mitgliedern die Teilnahme an der Umfrage empfohlen.

Interessanterweise unterscheiden sich die Ergebnisse der beiden Umfragewellen kaum, sodass die Ergebnisse im Folgenden zusammengefasst werden. Eine Ausnahme bilden die Ergebnisse zur Einschätzung der Ergebnis- und Geschäftslage. Hier werden die Umfragedaten aus dem Frühjahr 2015 verwendet, da externe Rahmenbedingungen, wie das konjunkturelle Umfeld, die Ergebnisse beeinflussen können. Aber auch da zeigte sich, dass sich die Ergebnisse aus dem Herbst 2014 und dem Frühjahr 2015 kaum unterscheiden. Im Folgenden wird die Struktur der Unternehmen dargestellt, die sich an der Umfrage beteiligt haben. So zeigt

- Abb. 1.1 die Struktur der Umsatzklassen,
- Abb. 1.2 die Unternehmen nach Anzahl der Lkw,
- Abb. 1.3 die PLZ-Gebiete und
- Abb. 1.4 die Regionsschwerpunkte,

der Unternehmen, die sich an der Umfrage beteiligt haben.

Nach Abb. 1.5 hat fast die Hälfte der beteiligten Unternehmen (49 %) bis zu 20 Mitarbeiter. 24 % haben bis 49 Mitarbeiter und 27 % ab 50 Mitarbeiter. Ein Vergleich mit den Strukturdaten der Branche zeigt, dass alle

---

[2]www.bgl-ev.de.

Wie hoch war Ihr Jahresumsatz in Ihrem Unternehmen bzw. Ihrer Geschäftsstelle im Jahr 2014?

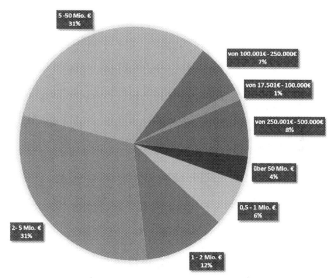

Abb. 1.1   Unternehmen nach Umsatzklassen

Wie hoch war die Anzahl Ihrer eigenen Lkw in Ihrem Unternehmen bzw. Ihrer Geschäftsstelle im Jahr 2014?

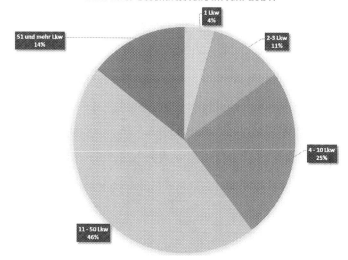

Abb. 1.2   Unternehmen nach Anzahl der Lkw

In welchem PLZ-Gebiet befindet sich ihr Unternehmen bzw. Ihre Geschäftsstelle?

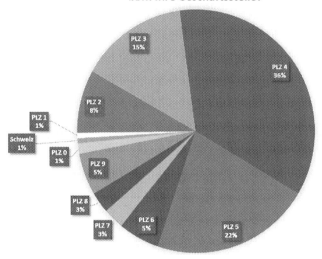

Abb. 1.3   Unternehmen nach PLZ-Gebieten

In welcher Region sind Sie maßgeblich tätig?

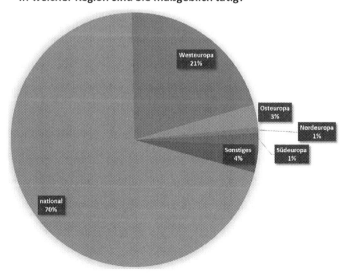

Abb. 1.4   Unternehmen nach Regionsschwerpunkt

Wie hoch war die Anzahl Ihrer Mitarbeiter in Ihrem Unternehmen bzw. Ihrer Geschäftsstelle im Jahr 2014?

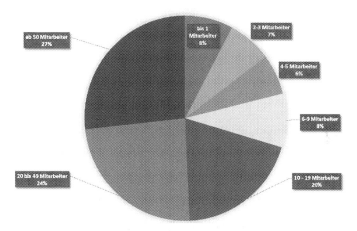

Abb. 1.5 Unternehmen nach Mitarbeiterzahl

Wo liegt Ihr Tätigkeitsschwerpunkt?

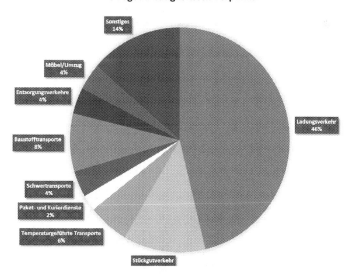

Abb. 1.6 Unternehmen nach Unternehmensschwerpunkten

Unternehmensklassen in der Umfrage vertreten sind, größere Unternehmen mit mehr als neun Beschäftigten jedoch einen höheren Anteil haben (Tab. 1.1). Tab. 1.3 zeigt die Umsatzklassen. Auch hier sind eher größere Unternehmen überproportional zur Branche vertreten. Dies zeigt auch Tab. 1.2, nach der bei der Umfrage zum Großteil Unternehmen mit mehr als 11 Lkw vertreten sind, während nach den BGL-Daten die Mehrzahl der Unternehmen weniger Lkw hat.

Abb. 1.6 zeigt die Aufteilung der Unternehmen nach Unternehmensschwerpunkten. Demnach ist mit 46 % der größte Teil der Unternehmen im Ladungsverkehr, also im Transport von Komplettladungen, tätig. Weitere 12 % haben ihren Tätigkeitsschwerpunkt im Stückgutverkehr, gefolgt von 8 % mit dem Tätigkeitsschwerpunkt Baustoffverkehr.

In Bezug auf den Standort befindet sich knapp ein Drittel (36 %) der Unternehmen im PLZ-Gebiet 4. Weitere 22 % der Unternehmen befinden sich im PLZ-Gebiet 5 und 15 % im PLZ-Gebiet 3. Insofern kommen die meisten Unternehmen aus dem Raum bzw. dem Umfeld von Nordrhein-Westfalen, was auch nicht zuletzt eine Folge der Unterstützung der Umfrage durch den VVWL ist.

Mit 70 % ist der weit überwiegende Anteil der Unternehmen im nationalen Verkehr tätig. Weitere 21 % haben ihren Regionsschwerpunkt in Westeuropa.

Insgesamt haben sich also an der Umfrage zumeist Transport- und Logistikunternehmen beteiligt,

- die mehr als 10 Beschäftige,
- mindestens 4 eigene Lkw,

Tab. 1.1 Anzahl der Beschäftigten je Unternehmen nach BGL-Daten und Umfrage

Unternehmen mit … Beschäftigten	BGL *(%)	Umfrage (%)
0 bis 1	20,1	7,7
2 bis 3	23,3	7,0
4 bis 5	13,0	6,3
6 bis 9	15,3	8,5
10 bis 19	14,5	19,7
20 bis 49	10,0	23,9
50 und mehr	3,8	26,8
	100,0	100,0

*Unternehmen des gewerblichen Straßengüterverkehrs nach Zahl der Beschäftigten.
(Quelle: Bundesverband Güterkraftverkehr Logistik und Entsorgung (BGL) e. V. (2015), Verkehrswirtschaftliche Zahlen (WVZ) 2014/2015, Frankfurt, S. 6)

- einen Umsatz von mindestens 1 Mio. €,
- ihren Standort in den PLZ-Gebieten 3, 4 oder 5 haben
- maßgeblich im nationalen Ladungsverkehr tätig sind.

Insofern haben sich sehr kleine Unternehmen nur unterproportional an der Umfrage beteiligt, sodass die Aussagen und Trends weniger für die kleinen als vielmehr für mittlere und große Transport- und Logistikunternehmen gelten.

Tab. 1.2 Unternehmen nach Anzahl der Lkw nach BGL-Daten und Umfrage

Unternehmen mit … Lastfahrzeugen	BGL *(%)	Umfrage (%)
1	27,0	4,3
2 bis 3	25,5	10,8
4 bis 10	29,8	24,5
11 bis 50	16,3	46,0
51 und mehr	1,4	14,4
	100,0	100,0

*Unternehmen des gewerblichen Straßengüterverkehrs nach Zahl der Beschäftigten. (Quelle: Bundesverband Güterkraftverkehr Logistik und Entsorgung (BGL) e. V. (2015), Verkehrswirtschaftliche Zahlen (WVZ) 2014/2015, Frankfurt, S. 5)

Tab. 1.3 Unternehmen nach Umsatzklassen nach BGL-Daten und Umfrage

Unternehmen mit einem Umsatz von … bis … unter €	BGL *(%)	Umfrage (%)
17.500 bis 100.000	36,2	1,4
100.000 bis 250.000	23,1	7,1
250.000 bis 500.000	14,2	7,9
500.000 bis 1.000.000	11,3	6,4
1.000.000 bis 2.000.000	7,8	11,4
2.000.000 bis 5.000.000	5,1	30,7
5.000.000 und mehr	2,3	35,1
	100,0	100,0

*Gesamtumsatz der Unternehmen mit wirtschaftlichen Schwerpunkt im Wirtschaftszweig „49.4 Güterbeförderung im Straßenverkehr". (Quelle: Bundesverband Güterkraftverkehr Logistik und Entsorgung (BGL) e. V. (2015), Verkehrswirtschaftliche Zahlen (WVZ) 2014/2015, Frankfurt, S. 14)

Die unterproportionale Beteiligung von kleinen Unternehmen hängt auch damit zusammen, dass es erfahrungsgemäß sehr schwer ist, die sehr kleinen Unternehmen, bei denen es sich z. T. auch um selbstfahrende Unternehmer handelt, für eine Teilnahme an einer Umfrage zu motivieren.

Auch Verbandsvertreter der Transport-, Speditions- und Logistikbranche bestätigen, dass sich insbesondere kleine und sehr kleine Unternehmen kaum an Umfragen beteiligen.

Kunden

2

Zunächst stellte sich die Frage, wie ausgeprägt die Abhängigkeit der befragten Unternehmen von Großkunden ist. Hier geben 52 % der Befragten an, dass ihr *größter Kunde einen Umsatzanteil von weniger als 30 %* hat (Abb. 2.1). Demgegenüber stehen jedoch 48 % der Unternehmen, bei denen der Umsatzanteil des größten Kunden über 30 % liegt, was bei fast der Hälfte der Unternehmen auf eine hohe Abhängigkeit von wenigen oder gar einen Großkunden schließen lässt. Die Unterschiede zwischen kleinen (<5 Mio. € Umsatz) und großen Unternehmen (>5 Mio. € Umsatz) sind hier marginal (Abb. 2.2).

Bei den Unternehmen, bei denen eine hohe Abhängigkeit von Großkunden besteht, sind dringend zusätzliche markt- und vertriebsbezogene Maßnahmen notwendig, um neue Kunden zu akquirieren bzw. auch die bisherigen kleinen und mittleren Kunden weiter zu entwickeln. Auch sollten die Unternehmen auf den Fall vorbereitet sein, dass der Großkunde verloren geht.

Für die Unternehmen ist es auch wichtig, den genauen *Kundenwert* zu kennen. Und hier gibt es ein erfreuliches Ergebnis: 86,2 % der Unternehmen geben an, dass sie ein klares Bild darüber haben, wie wichtig die einzelnen Hauptkunden für sie sind, z. B. bezogen auf den Umsatz, das Wachstum und auch die Rendite. Auch hier sind die Unterschiede zwischen großen und kleinen Transport- und Logistikunternehmen marginal.

Dass 13,8 % der Unternehmen angeben, über diese Informationen nicht zu verfügen, gibt zu denken. Für diese Unternehmen ist es schwer, klare Entscheidungen zur Preisstrategie, der etwaigen Priorisierung bei Kapazitätsengpässen oder auch in Bezug auf die notwendigen Qualitätsansprüche zu treffen. Daher wird diesen Unternehmen dringend empfohlen, den Wert Ihrer Hauptkunden zu analysieren.

© Springer Fachmedien Wiesbaden 2016
P. Wittenbrink, *Strategie-Check Transport- und Logistikunternehmen,* essentials,
DOI 10.1007/978-3-658-14336-7_2

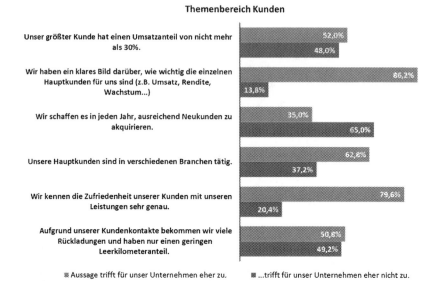

Abb. 2.1 Ergebnisse Kunden – sämtliche Unternehmen

Eine weitere Frage betraf die *Neukundenakquisition*. Hier geben nur 35 % der Befragten an, dass sie es schaffen, jedes Jahr ausreichend Neukunden zu akquirieren, wobei es kaum Unterschiede zwischen den Antworten großer und kleiner Unternehmen gibt.

Die Neukundenakquisition ist natürlich in der umkämpften Transport- und Logistikbranche nicht einfach und es besteht immer die Gefahr, dass hierzu preisliche Zugeständnisse notwendig sind. Auf der anderen Seite ist die Fluktuation im Markt sehr hoch und es besteht die Gefahr, dass es die Unternehmen nicht in ausreichendem Maße schaffen, Kundenverluste zumindest teilweise durch die Akquisition von Neukunden zu kompensieren. Es droht dann ein kontinuierlicher Kundenverlust. Daher sollten diese Unternehmen ihre Markt- und Vertriebsanstrengungen intensivieren.

Es ist aber nicht nur wichtig neue Kunden zu akquirieren. Auch sollten die eigenen Kunden möglichst in *unterschiedlichen Branchen* tätig sein, um die Branchenabhängigkeit zu reduzieren. Fast zwei Drittel (62,8 %) der Unternehmen geben an, dass ihre Hauptkunden in unterschiedlichen Branchen tätig sind, was zunächst als positiv zu werten ist. Ein knappes Drittel der Unternehmen (37,2 %) hat sich jedoch auf eine Branche fokussiert, wodurch mögliche Schwierigkeiten

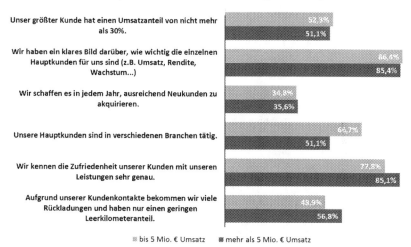

**Themenbereich Kunden - Ergebnisse nach Umsatzklassen
(Anteil "ich stimme der Aussage eher zu")**

Unser größter Kunde hat einen Umsatzanteil von nicht mehr als 30%.
52,3%
51,1%

Wir haben ein klares Bild darüber, wie wichtig die einzelnen Hauptkunden für uns sind (z.B. Umsatz, Rendite, Wachstum...)
86,4%
85,4%

Wir schaffen es in jedem Jahr, ausreichend Neukunden zu akquirieren.
34,8%
35,6%

Unsere Hauptkunden sind in verschiedenen Branchen tätig.
66,7%
51,1%

Wir kennen die Zufriedenheit unserer Kunden mit unseren Leistungen sehr genau.
77,8%
85,1%

Aufgrund unserer Kundenkontakte bekommen wir viele Rückladungen und haben nur einen geringen Leerkilometeranteil.
48,9%
56,8%

▨ bis 5 Mio. € Umsatz   ▨ mehr als 5 Mio. € Umsatz

Abb. 2.2 Ergebnisse Kunden – Differenzierung nach Unternehmensgröße

in einzelnen Branchen im hohen Maße auf das Unternehmen durchschlagen können. Interessant ist, dass nach der Umfrage die eher kleinen Transport- und Logistikunternehmen mit einem Umsatz von bis zu 5 Mio. € hier sehr viel besser aufgestellt zu sein scheinen als die großen Unternehmen. Während von den kleinen Unternehmen 66,7 % angeben, ihre Hauptkunden in verschiedenen Branchen zu haben, liegt der entsprechende Anteil bei den größeren Unternehmen nur bei 51,1 %. Dies kann auch damit zusammenhängen, dass in bestimmten Branchen spezifische Investitionen bzw. ein spezifisches Know-how notwendig sind, sodass eine Spezialisierung und damit eine gewisse Größe erforderlich sind. Trotzdem sollte geprüft werden, im Sinne einer Markt- bzw. Produktausweitung in weiteren Branchen aktiv zu werden, um die Abhängigkeit von der konjunkturellen und saisonalen Entwicklung dieser Branche zu reduzieren.

Positiv zu werten ist, dass knapp 80 % der Unternehmen angeben, *die Zufriedenheit ihrer Kunden* sehr gut zu kennen, wobei dies bei größeren Unternehmen noch stärker ausgeprägt ist (85,1 %). Dass aber gleichzeitig 20,4 % der Unternehmen dieser Aussage nicht zustimmen können, gibt zu denken. Es ist anzunehmen, dass aus Sicht der Kunden dieser Unternehmen der Preis einen sehr großen Stellenwert hat. Ist die Kundenzufriedenheit nicht genau bekannt, sind die

betroffenen Transport- und Logistikunternehmen auch kaum in der Lage, frühzeitig und proaktiv auf eine Unzufriedenheit beim Kunden zu reagieren. Zudem
können sie dadurch das Risiko eines Kundenverlustes weniger gut einschätzen.
Insofern wird diesen Unternehmen dringend geraten, möglichst an mehr Informationen darüber zu gelangen, wie zufrieden die Kunden mit ihren Leistungen sind.
Die letzte Frage im Segment „Kunden" betraf die *Rückladungen*. Hier gibt
knapp jedes zweite Unternehmen (50,8 %) an, aufgrund guter Kundenkontakte
viele Rückladungen zu erhalten und dadurch die Leer-Kilometer reduzieren zu
können, wobei größere Unternehmen mit 56,8 % systematisch noch etwas eher
dazu in der Lage zu sein scheinen. Den anderen Unternehmen wird empfohlen,
neue Kunden- und Netzwerkpartner zu finden, um die Rückladequote an den
Empfangsorten zu erhöhen.

Handlungsempfehlungen Kunden

- Vermeidung von Abhängigkeiten von wenigen Großkunden
  (Umsatzanteil <30%)
- Vorbereitung auf den Fall, dass ein Kundenverlust bei Großkunden
  eintritt
- Analyse des Kundenwertes der Großkunden, z. B. auf Basis von
  Umsatz, Ergebnis, Wachstum und Sicherung der Grundlast
- Regelmäßige Analyse der Kundenzufriedenheit, um darauf aufbauend
  gezielt neue Leistungen anzubieten bzw. bei Unzufriedenheit der Kun-
  den gegensteuern zu können
- Intensive Kundenpflege bestehender Kunden, da es wesentlich einfacher
  ist, zusätzliche Wertschöpfung bei (zufriedenen) bestehenden Kunden
  zu generieren, als neue Kunden zu gewinnen
- Zusätzlich: Verstärkung der Neukundenakquisition
- Reduzierung der Branchenabhängigkeit durch Vermeidung einer zu
  starken Fokussierung auf wenige Branchen
- Systematischer Ausbau eines Netzes von Kooperationspartnern und
  Kunden, um besser Rückladungen zu erhalten

Produkte 3

Beim Themenbereich Produkte stellte sich zunächst die Frage, ob das *Leistungs-angebot* nach klaren, eindeutig abgegrenzten Produkten definiert ist, was 68 % der Unternehmen bejahen (Abb. 3.1). Unterschiede zwischen großen und kleinen Unternehmen bestehen hier kaum (Abb. 3.2). Ein knappes Drittel der Unternehmen (32 %) stimmt der Aussage, zu den Leistungsangeboten eher nicht zu.

Hier kann es immer wieder zu Diskussionen mit den Kunden kommen, weil nicht immer klar ist, welche Leistungen (Hauptleistungen und Zusatzleistungen) der Kunde bei Ihnen exakt eingekauft hat. Zudem kommt es häufig vor, dass die Transport- und Logistikunternehmen mehr leisten als angeboten, ohne dass dies bezahlt wird. Insofern empfiehlt es sich für diese Unternehmen, eine klare Leistungs- und Produktbeschreibung zu erarbeiten.

Um klare und wettbewerbsfähige Produkte zu definieren, ist es notwendig, genau zu wissen, *welche Produktmerkmale für die eigenen Kunden wichtig sind*. Darüber scheint eine klare Vorstellung zu bestehen, geben doch 83 % der befragten Unternehmen an, über die entsprechenden Informationen zu verfügen. Bei 17 % liegen diese Informationen jedoch nicht vor, was sich mit der obigen Aussage deckt, dass 20,4 % die Zufriedenheit ihrer Kunden mit ihren Leistungen nicht genau kennen.

Womöglich gehen viele dieser Unternehmen davon aus, dass bei ihren Kunden nur der Preis maßgeblich ist. Daher haben sie bisher auch nicht viel Kraft investiert, um die genauen Kundenbedürfnisse zu analysieren und sich stärker auf die spezifischen Wünsche der Kunden auszurichten. Dadurch besteht die Gefahr sinkender Kundennähe, sodass es dringend erforderlich ist, für die Hauptkunden eine Kundenbedarfs- bzw. Kundenzufriedenheitsanalyse durchzuführen.

Für die Ausrichtung des Unternehmens und auch der Produkte ist es von entscheidender Bedeutung, sehr genau zu wissen, in welchen Bereichen *das eigene*

© Springer Fachmedien Wiesbaden 2016
P. Wittenbrink, *Strategie-Check Transport- und Logistikunternehmen*, essentials,
DOI 10.1007/978-3-658-14336-7_3

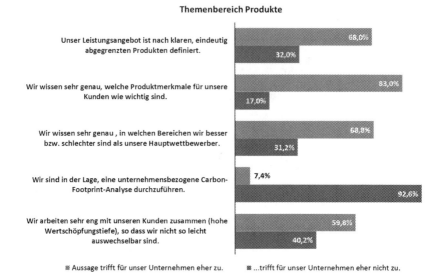

Themenbereich Produkte

Unser Leistungsangebot ist nach klaren, eindeutig abgegrenzten Produkten definiert. — 68,0% / 32,0%

Wir wissen sehr genau, welche Produktmerkmale für unsere Kunden wie wichtig sind. — 83,0% / 17,0%

Wir wissen sehr genau , in welchen Bereichen wir besser bzw. schlechter sind als unsere Hauptwettbewerber. — 68,8% / 31,2%

Wir sind in der Lage, eine unternehmensbezogene Carbon-Footprint-Analyse durchzuführen. — 7,4% / 92,6%

Wir arbeiten sehr eng mit unseren Kunden zusammen (hohe Wertschöpfungstiefe), so dass wir nicht so leicht auswechselbar sind. — 59,8% / 40,2%

▓ Aussage trifft für unser Unternehmen eher zu.   ▓ ...trifft für unser Unternehmen eher nicht zu.

Abb. 3.1 Ergebnisse Produkte – sämtliche Unternehmen

Unternehmen besser bzw. schlechter als seine Wettbewerber ist. Dies bejahen knapp über zwei Drittel der Unternehmen (68,8 %) für sich. Fast ein Drittel (31,2 %) hat jedoch keine klare Vorstellung darüber. Diese Unternehmen sollten dringend ihre Hauptwettbewerber analysieren und deren Leistungen exakt bewerten bzw. dazu möglichst auch Einschätzungen von Kunden einholen. Dadurch könnten sie ihre Stärken systematischer ausbauen und die Schwächen gegenüber den Wettbewerbern reduzieren.

Green Logistics gilt seit vielen Jahren als wichtiger Trend im Transport- und Logistikbereich[1] Insofern sollte man meinen, dass es für die Unternehmen ein Leichtes wäre, eine unternehmensbezogene CO_2-Messung in Form einer *Carbon-Footprint-Analyse* durchzuführen. Die Ergebnisse der Umfrage zeigen jedoch das Gegenteil: Demnach sehen sich nur 7,4 % der befragten Unternehmen in der

---

[1]Zu den im Transport- und Logistikmarkt relevanten Megatrends vgl. Wittenbrink, Paul (2014). Transportmanagement – Kostenoptimierung, Green Logistics und Herausforderungen an der Schnittstelle Rampe. 2., vollständig neu bearbeitete und erweiterte Auflage. S. 22 ff. Wiesbaden: Springer Gabler.

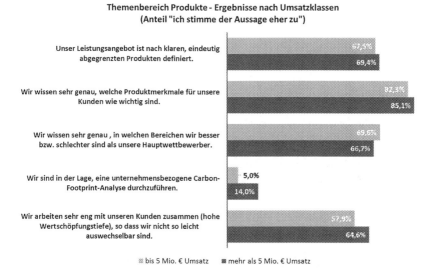

Abb. 3.2 Ergebnisse Produkte – Differenzierung nach Unternehmensgröße

Lage dazu, wobei hier erhebliche Unterschiede zwischen kleinen und großen Unternehmen bestehen. Während bei den kleinen Unternehmen nur ca. jedes zwanzigste Unternehmen dazu in der Lage ist (5 %), sind dies bei den größeren Unternehmen immerhin 14 %.

Womöglich haben in der Vergangenheit viele Unternehmen auf die Erstellung einer unternehmensbezogenen Carbon-Footprint-Analyse verzichtet, weil aus deren Sicht der hohe Aufwand bisher in keinem Verhältnis zu dem möglichen Nutzen stand. Auf der anderen Seite wird bei Ausschreibungen jedoch zunehmend verlangt, entsprechende Analysen durchführen zu können. Daher sollten diese Unternehmen prüfen, eine entsprechende Methodik zur Ermittlung des Carbon-Footprint aufzubauen. Neben dem Kundennutzen bringt dies auch eine gute Analyse der heutigen Energie- und Kraftstoffverbräuche, was eine wichtige Basis für Ansätze zur Kostensenkung bietet.

Wichtig im Hinblick auf die Produkte bzw. in Bezug auf das Leistungsangebot ist es auch, anzustreben, sehr eng mit den Kunden zusammenzuarbeiten *(hohe Wertschöpfungstiefe)*, sodass das eigene Transport- und Logistikunternehmen nicht so leicht auswechselbar ist.

Nach Einschätzung von ca. 60 % der befragten Transport- und Logistikunternehmen trifft dies für das eigene Unternehmen zu, die anderen 40 % sehen keine hohe Wertschöpfungstiefe. Hier zeigen sich aber auch Unterschiede zwischen großen und kleinen Unternehmen: Während die hohe Wertschöpfungstiefe nach Einschätzung von 64,6 % der großen Unternehmen (5 Mio. € Umsatz) zutrifft, sind dies bei den kleinen Unternehmen nur 57,9 %.

Es ist anzunehmen, dass diese Unternehmen ihren Kunden heute maßgeblich Standardleistungen anbieten, sodass Sie leicht austauschbar sind und im intensiven Wettbewerb stehen. Daher sollten diese Unternehmen nach Möglichkeiten suchen, die Wertschöpfung beim Kunden zu erhöhen und ihre Leistungen stärker in die Prozesse des Kunden zu integrieren.

Handlungsempfehlungen Produkte

- Entwicklung einer klaren Leistungsbeschreibung für die angebotenen Leistungen, damit sowohl intern als auch für den Kunden eindeutig ist, was angeboten wurde
- Analyse der Wichtigkeit der einzelnen Produkt- und Leistungsbestandteile für den Kunden, sodass darauf gezielt angesetzt werden kann
- Analyse, in welchen Bereichen bzw. bei welchen Leistungsbestandteilen das eigene Unternehmen besser bzw. schlechter aufgestellt ist als die Wettbewerber, um darauf aufbauend gezielt und systematisch Stärken zu stärken und Schwächen zu reduzieren
- Systematischer Aufbau einer Carbon-Footprint-Analyse für die eigenen Leistungen, um eine Berechnungsbasis zur Reduktion der eigenen Energieverbräuche zu haben und bei entsprechenden Kundenanfragen und Ausschreibungen qualifiziert antworten zu können
- Anstreben einer hohen Wertschöpfungstiefe und einer engen Prozessintegration mit den Kunden, um die Auswechselbarkeit zu reduzieren

In der Umfrage geben 69,1 % der Unternehmen geben an, dass ihre Preise auf einer *eindeutigen leistungs- und kostenorientierten Kalkulation* beruhen, was sehr positiv zu werten ist. Im Umkehrschluss ist dies jedoch bei knapp jedem dritten Unternehmen (30,9 %) nicht der Fall (Abb. 4.1).

Die Erfahrung zeigt, dass nicht wenige Unternehmen durch die Hektik des Tagesgeschäfts, aber auch mangels eindeutiger Kalkulationskenntnisse, kaum in der Lage sind, für ihre Angebote eine klare leistungs- und kostenorientierte Kalkulation zu erstellen. Zudem ist bei vielen Unternehmen die Kostenrechnung nicht besonders aussagekräftig. Daher passiert es immer wieder, dass diese Transport- und Logistikunternehmen Leistungen durchführen, bei denen noch nicht einmal Deckungsbeiträge erzielt werden. Daher wird diesen Unternehmen dringend empfohlen, eine aussagekräftige Transportkostenkalkulation aufzubauen bzw. weiterzuentwickeln.

Grundvoraussetzung für eine systematische Preisbildung ist es, dass zumindest für die regelmäßig wiederkehrenden Leistungen und Angebote Standard-Preise bzw. ein Preisgefüge definiert sind. Darauf aufbauend können dann Rabatte für z. B. größere Mengen bzw. gute Kunden gegeben werden. Erfreulich ist in diesem Zusammenhang, dass in den meisten Unternehmen klar geregelt ist, wer welche *Preisrabatte* geben darf (79,4 %), sodass zumindest bei den Rabatten die Chance für eine gewisse Preissystematik besteht. Für knapp jedes fünfte Unternehmen (20,6 %) ist dies jedoch nicht der Fall. In diesen Unternehmen fehlt eine klare Linie, da nicht klar definiert ist, wer im Unternehmen welche Preiskompetenzen hat (d. h. Standardpreis und Rabattierungsregeln). Dies sollte kurzfristig geändert werden.

Auch wenn in letzter Zeit die Dieselpreise gesunken sind, ist in Zukunft wieder mit einem Anstieg der Kraftstoffpreise zu rechnen. Insgesamt ist in den letzten Jahren die Volatilität der Dieselpreise sehr hoch gewesen. Da jedoch die

© Springer Fachmedien Wiesbaden 2016   17
P. Wittenbrink, *Strategie-Check Transport- und Logistikunternehmen*, essentials,
DOI 10.1007/978-3-658-14336-7_4

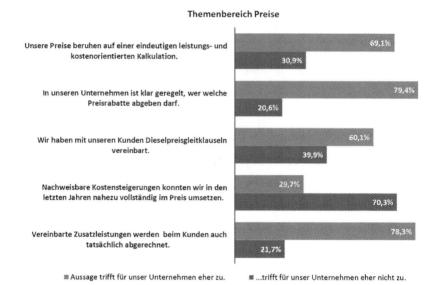

Abb. 4.1 Ergebnisse Preise – sämtliche Unternehmen

Dieselpreise einen erheblichen Einfluss auf die Transportkosten und damit auch auf die Ergebnissituation haben, ist eine gewisse Absicherung hier sinnvoll. Daher geben auch etwa 60 % der befragten Transport- und Logistikunternehmen an, mit ihren Kunden eine *Dieselpreisgleitklausel* vereinbart zu haben.

Etwa 40 % der Unternehmen verfügen aber nicht über eine entsprechende Vereinbarung mit ihren Kunden, was in Zeiten sinkender Dieselpreise ein (kurzfristiger) Vorteil sein kann. Mittelfristig gefährden diese Unternehmen jedoch ihre Existenz, da ihre Ergebnissituation zu einem wesentlichen Teil nicht von ihren eigenen Leistungen als vielmehr vom Verlauf der Dieselpreise abhängt. Daher sollten diese Unternehmen dringend mit Ihren Kunden Dieselfloater vereinbaren.

Das Fehlen eines Dieselfloaters trifft insbesondere für kleinere Unternehmen zu. Während bei den großen Unternehmen (>5 Mio. € Umsatz) eine entsprechende Vereinbarung für 91,5 % faktisch Standard ist (Abb. 4.2), liegt die entsprechende Quote bei den kleineren Unternehmen bei nur 47,4 %, was auf erhebliche Risiken hinweist.

Im Hinblick auf die *Preise* besteht das Ziel, *nachweisbare Kostensteigerungen* nahezu vollständig im Preis umzusetzen. Die Realität sieht jedoch leider anders aus. Der überwiegende Anteil der Unternehmen (70,3 %) hat dieses Ziel nicht

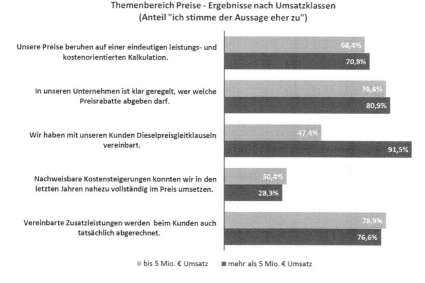

Themenbereich Preise - Ergebnisse nach Umsatzklassen
(Anteil "ich stimme der Aussage eher zu")

Unsere Preise beruhen auf einer eindeutigen leistungs- und kostenorientierten Kalkulation.
68,4%
70,8%

In unseren Unternehmen ist klar geregelt, wer welche Preisrabatte abgeben darf.
78,6%
80,9%

Wir haben mit unseren Kunden Dieselpreisgleitklauseln vereinbart.
47,4%
91,5%

Nachweisbare Kostensteigerungen konnten wir in den letzten Jahren nahezu vollständig im Preis umsetzen.
30,4%
28,3%

Vereinbarte Zusatzleistungen werden beim Kunden auch tatsächlich abgerechnet.
78,9%
76,6%

⊠ bis 5 Mio. € Umsatz   ▨ mehr als 5 Mio. € Umsatz

Abb. 4.2 Ergebnisse Preise – Differenzierung nach Unternehmensgröße

erreicht, was ein Spiegelbild des intensiven Wettbewerbs und der angespannten Marktsituation ist. Aber gerade wegen der Schwierigkeit, die Preise anzuheben, ist es umso wichtiger, dass eine detaillierte Analyse über die tatsächlichen Kostensteigerungen vorliegt, um diese als Basis für die Diskussion mit den Kunden zu nutzen. Dabei genügt es nicht, pauschale Kostensteigerungen anzuführen. Vielmehr ist konkret aufzuzeigen, welche Kostensteigerungen zu einer konkreten Veränderungen der Gesamtkosten bei den Leistungen für den Kunden geführt haben.

Die Erfahrung aus Gesprächen mit vielen Transportunternehmen zeigt, dass nicht wenige Unternehmen Preisverhandlungen meiden, weil sie die Gefahr sehen, als Ergebnis von Preisverhandlungen keine Preiserhöhung, sondern eine Preissenkung akzeptieren zu müssen. Daher sind viele Unternehmen gezwungen, Kostensteigerungen durch Kostensenkungen bzw. Produktivitätssteigerungen an anderer Stelle zu kompensieren. Da dies nur selten gelingt, resultieren negative Auswirkungen auf die Ergebnissituation. Insofern sollten diese Unternehmen auf Basis einer klaren Fahrzeug- und Transportkostenrechnung überprüfen, welche Leistungen sie in Zukunft noch erbringen können, und bei welchen Kunden Preiserhöhungen notwendig sind, weil die Leistungen nicht kostendeckend sind, selbst auf die Gefahr hin, dass sie Aufträge verlieren.

Darüber hinaus ist es sehr wichtig, die Preisgespräche systematisch und professionell vorzubereiten und anzugehen. Hierzu zählen z. B. Analysen zu

- Kostensteigerungen,
- Umsatzentwicklungen,
- Veränderung bei den erbrachten Leistungen,
- Mengenschwankungen,
- Sonderleistungen und
- unrentablen Leistungen beim Kunden.

Im Sinne „vergrößere den Kuchen, bevor du ihn teilst" ist es zudem wichtig, sämtliche berechtigte Forderungen gegenüber dem Kunden zu nennen, selbst dann, wenn es unwahrscheinlich ist, dass der Kunde diese akzeptiert. Weiterhin sollte man bei wichtigen Verhandlungen vorab eine Tagesordnung festlegen und die Verhandlungen nicht alleine führen, wenn der Kunde mit mehreren Personen verhandelt.

Erfreulich ist, dass es der weit überwiegende Teil der Unternehmen schafft, *vereinbarte Zusatzleistungen* auch tatsächlich beim Kunden abzurechnen (78,3 %). Ein kleiner Teil der Unternehmen (21,7 %) rechnet vereinbarte Zusatzleistungen nicht immer auch ab. Vielfach werden diese Zusatzleistungen als Kundenservice betrachtet. Zudem sehen einige Unternehmen kaum Chancen, die Zusatzleistungen auch tatsächlich abzurechnen. Dadurch verschlechtert sich deren Ergebnissituation. Daher wird empfohlen, diese Zusatzleistungen in Zukunft abzurechnen bzw. zumindest in die Preisverhandlungen einzubringen.

Handlungsempfehlungen Preise

- Preisbildung für die wichtigen Leistungen und Angebote auf Basis einer eindeutigen leistungs- und kostenorientierten Kalkulation
- Entwicklung von Standard-Preisen für Standard-Leistungen bzw. Definition eines Preisgefüges und klare Regelung der Kompetenzen für Preisrabatte
- Vereinbarung von Dieselpreisgleitklauseln mit den Kunden, damit der Erfolg des Unternehmens maßgeblich von den eigenen Leistungen und nicht von der Entwicklung der Dieselpreise abhängt
- Detaillierte Analyse der Kostensteigerungen bezogen auf die wichtigen Kunden, um auf dieser Basis zu versuchen, tatsächlich eingetretene Kostensteigerungen auch in Preiserhöhungen umzusetzen

- Systematische und professionelle Vorbereitung von Preisgesprächen im Hinblick auf z. B. Kostensteigerungen, Umsatzentwicklungen, Veränderung bei den erbrachten Leistungen, Mengenschwankungen, Sonderleistungen und unrentablen Leistungen, um qualifizierte Preisgespräche mit den Kunden führen können
- Professionelle Durchführung von Preisverhandlungen
- Abrechnung auch sämtlicher vereinbarter Zusatzleistungen

Offerten/Vertrieb

5

Um eine systematische Offertenbildung zu betreiben, ist eine *Angebotsdatenbank* ein wesentlicher Erfolgsfaktor. Nach der Befragung verfügen jedoch nur 28,3 % über ein entsprechendes Tool (Abb. 5.1). Dabei ist der Anteil bei den kleinen Unternehmen noch geringer (23,1 %), während dieser bei den größeren Unternehmen immerhin bei 39,6 % liegt (Abb. 5.2).

Das Fehlen einer Angebotsdatenbank führt dazu, dass den betroffenen Unternehmen nur annähernd bzw. gar nicht klar ist, was diese den Kunden tatsächlich angeboten haben. Somit wird auch keine annähernd gleiche Preisbildung sichergestellt. Zudem ist es für diese Unternehmen nicht ersichtlich, was der Kunde bei früheren Leistungen bezahlt hat. Insgesamt wird diesen Unternehmen daher dringend empfohlen, eine Angebotsdatenbank aufzubauen, die sich sehr schnell nach Kunden und Relationen auswerten lässt.

Voraussetzung für Erfolg ist, dass die heutigen und potenziellen *Kunden das gesamte eigene Leistungsangebot kennen.* Für 68,2 % der befragten Transport- und Logistikunternehmen trifft das zu. Da es wesentlich einfacher ist, bei bestehenden Kunden zusätzliche Aufträge zu generieren als bei neuen Kunden, ist es elementar, dass zumindest alle heutigen Kunden das eigene Leistungsangebot kennen. Aber auch bei den relevanten potenziellen Kunden sollte dies der Fall sein. Erstaunlich ist, dass dieser Wert bei kleineren Unternehmen (<5 Mio. € Umsatz) mit 70,4 % etwas höher ist als bei den größeren Unternehmen (63,3 %), was auf eine größere Kundennähe (oder auch ein weniger komplexes Leistungsangebot) der kleinen Unternehmen hinweist.

Den Unternehmen, die nicht sicher sind, ob ihre heutigen und relevanten potenziellen Kunden ihr gesamtes Leistungsangebot kennen, sollten dies systematisch überprüfen und entsprechende Maßnahmen einleiten, das eigene Leistungspogramm bei den relevanten Kunden besser bekannt zu machen.

© Springer Fachmedien Wiesbaden 2016
P. Wittenbrink, *Strategie-Check Transport- und Logistikunternehmen,* essentials,
DOI 10.1007/978-3-658-14336-7_5

Themenbereich Offerten/Vertrieb 1

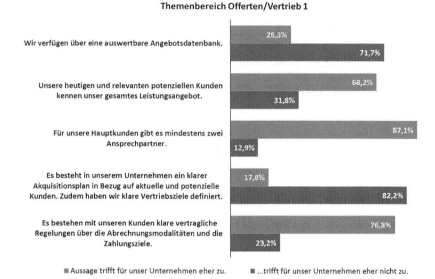

Abb 5.1 Ergebnisse Offerten/Vertrieb 1 – sämtliche Unternehmen

Im Sinne einer guten Kundenbetreuung ist es wichtig, dass für die Hauptkunden mindestens *zwei qualifizierte Ansprechpartner* vorhanden sind, was nach der Befragung für 87,1 % der Transport- und Logistikunternehmen zutrifft. Insofern ist gewährleistet, dass bei Ausfall des einen Ansprechpartners (z. B. Urlaub, Krankheit, Ausscheiden aus dem Unternehmen…) der Kontakt zum Kunden auch weiterhin ausreichend gewährleistet ist.

Für eine systematische Marktbearbeitung ist es von großem Vorteil, über einen *klaren Akquisitionsplan* in Bezug auf aktuelle und potenzielle Kunden zu verfügen und klare Vertriebsziele zu definieren. Dies ist jedoch nur bei sehr wenigen Unternehmen der Fall (17,8 %), wobei der Anteil bei den kleinen Unternehmen noch geringer ist (12,5 %). Größere Unternehmen sind hier mit 29,2 % zwar auch nicht gut, aber wesentlich besser aufgestellt.

Bei den meisten Unternehmen läuft der Vertrieb heute eher nach dem Zufallsprinzip. Ein klarer Akquisitions- und Vertriebsplan auf Basis der eigenen Wettbewerbsstärken mit einem Soll-/Ist-Vergleich, z. B. der Umsätze, besteht nur selten. Daher wird dringend empfohlen, einen derartigen Plan zu erstellen.

In Verbindung mit den Offerten stehen auch die *Abrechnungsmodalitäten und Zahlungsziele.* 76,8 % der Unternehmen geben an, dass mit den Kunden klare

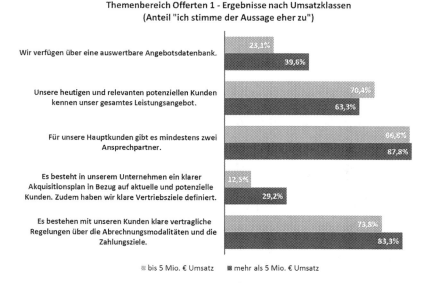

Themenbereich Offerten 1 - Ergebnisse nach Umsatzklassen
(Anteil "ich stimme der Aussage eher zu")

Wir verfügen über eine auswertbare Angebotsdatenbank.

Unsere heutigen und relevanten potenziellen Kunden kennen unser gesamtes Leistungsangebot.

Für unsere Hauptkunden gibt es mindestens zwei Ansprechpartner.

Es besteht in unserem Unternehmen ein klarer Akquisitionsplan in Bezug auf aktuelle und potenzielle Kunden. Zudem haben wir klare Vertriebsziele definiert.

Es bestehen mit unseren Kunden klare vertragliche Regelungen über die Abrechnungsmodalitäten und die Zahlungsziele.

bis 5 Mio. € Umsatz   mehr als 5 Mio. € Umsatz

23,1%
39,6%
70,4%
63,3%
86,8%
87,8%
12,5%
29,2%
73,8%
83,3%

Abb 5.2 Ergebnisse Offerten/Vertrieb 1 – Differenzierung nach Unternehmensgröße

vertragliche Regelungen über die Abrechnungsmodalitäten und die Zahlungsziele bestehen. Aber auch hier ist dieser Anteil bei den kleineren Unternehmen mit 73,8 % etwas geringer als bei den größeren Unternehmen mit 83,3 %.

Bei denjenigen Unternehmen, die mit ihren Kunden keine solchen vertraglichen Regelungen vereinbart haben, besteht die Gefahr, dass dies immer wieder zu Diskussionen mit den Kunden führt. Daher sollten sie entsprechende Regeln in ihre Angebote und Verträge aufnehmen.

Um eine hohe Kundenbindung zu erreichen und nicht so schnell ausgewechselt zu werden, besteht das Ziel, mit den Kunden *möglichst längerfristige Verträge* (>1 Jahr) abzuschließen (Abb. 5.3). Dies gelingt jedoch nur im Ausnahmefall (30,5 %). Wird jedoch nach großen und kleinen Unternehmen unterschieden, zeigt sich ein interessantes Bild (Abb. 5.4). Während bei den kleinen Unternehmen längerfristige Verträge eher die Ausnahme sind (22,5 %), liegt der entsprechende Anteil bei den größeren Unternehmen mit 46,9 % mehr als doppelt so hoch.

Dies mag zwar auch damit zusammenhängen, dass größere Unternehmen womöglich komplexere Leistungen anbieten, die einer längerfristigen Absicherung bedürfen. Das kann aber nicht allein den großen Unterschied erklären.

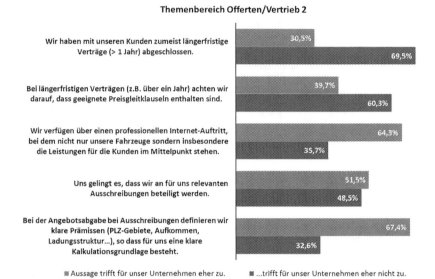

Abb 5.3 Ergebnisse Offerten/Vertrieb 2 – sämtliche Unternehmen

Insofern sollten auch die kleineren Unternehmen versuchen, eine längerfristige Absicherung mit ihren Kunden zu erreichen.

Sind längerfristige Verträge abgeschlossen, stellt sich die Frage, ob darin auch *geeignete Preisgleitklauseln* enthalten sind, um gegen Kostensteigerungen gewappnet zu sein. Dies ist immerhin bei knapp 40 % der Unternehmen der Fall. Hier ist der Unterschied zwischen großen und kleinen Unternehmen noch sehr viel größer. Während nur 23,1 % der befragten kleinen Transport- und Logistikunternehmen bei längerfristigen Verträgen Preisgleitklauseln vorgesehen haben, sind dies bei den großen Unternehmen fast 70 %, was auf eine wesentlich höhere Professionalität bei den großen Unternehmen hinweist. Fehlen die Preisgleitklauseln, besteht die Gefahr, dass Kostensteigerungen nicht kompensiert werden. Daher sollte bei längerfristigen Verträgen darauf geachtet werden, entsprechende Klauseln vorzusehen.

Immer wichtiger wird ein *professioneller Internetauftritt,* da dieser zentral für die Außendarstellung des Unternehmens ist und eine wichtige Möglichkeit darstellt, das eigene Leistungsangebot professionell vorzustellen. Fast zwei Drittel der befragten Unternehmen (64,3 %) geben an, über einen professionellen Internetauftritt zu verfügen, bei dem nicht nur die eigenen Fahrzeuge, sondern insbesondere

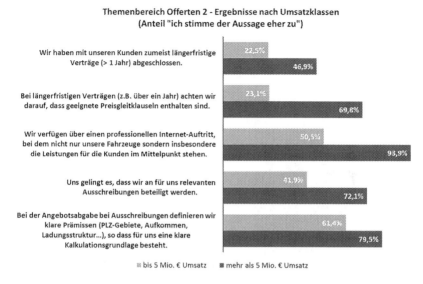

Abb 5.4 Ergebnisse Offerten/Vertrieb 2 – Differenzierung nach Unternehmensgröße

die Leistungen für die Kunden im Mittelpunkt stehen. Kleinere Unternehmen sind hier weit weniger professionell aufgestellt. Von diesen gibt nur knapp jedes zweite Unternehmen an, über einen entsprechenden Auftritt zu verfügen, während dies bei den großen Unternehmen faktisch zum Standard gehört (93,9 %).

Ob der Internetauftritt wirklich so professionell ist, wie von den Unternehmen eingeschätzt, mag zumindest bezweifelt werden. In jedem Fall sollten die Unternehmen den eigenen Internetauftritt überprüfen und auf die Informationsbedürfnisse der heutigen und potenziellen Kunden ausrichten (z. B. Leistungsangebot, Referenzen …).

Angesichts des intensiven Wettbewerbs werden immer mehr Transport- und Logistikleistungen ausgeschrieben. Um überhaupt ein Angebot abgeben zu können, besteht die zentrale Voraussetzung zunächst erst einmal darin, überhaupt an für das Unternehmen relevanten *Ausschreibungen beteiligt zu werden*. Hier gibt nur knapp die Hälfte der Unternehmen (51,5 %) an, dass ihnen dies gelingt. Auch hier zeigen sich große Unterschiede zwischen kleinen und großen Unternehmen. Während von den großen Unternehmen 72,1 % angeben, an den relevanten Ausschreibungen beteiligt zu werden, liegt dieser Anteil bei den kleinen Unternehmen nur bei 41,9 %.

Werden die Unternehmen zu wenig an Ausschreibungen beteiligt, sollten sie prüfen, ob ihr Leistungsangebot und ihre wirkliche Leistungsfähigkeit den ausschreibenden Unternehmen ausreichend bekannt ist und sie bei den potenziellen Kunden ausreichend vernetzt sind. Zudem ist zu prüfen, ob das heutige Leistungsangebot ausreicht, um die geforderten Leistungen zu erbringen oder ob sich ggf. eine Kooperation mit anderen Transport- und Logistikunternehmen anbietet. Schließlich sollten diese Unternehmen auch prüfen, ob sie gut genug aufgestellt sind und hinterfragen, was die Gründe für die Nicht-Beteiligung sind. Darauf aufbauend sind entsprechende Maßnahmen zu entwickeln.

Wird das Unternehmen an der Ausschreibung beteiligt, stellt sich die Frage nach der Qualität der Angebotserstellung. Da bei vielen Transportauschreibungen der Preis von enormer Bedeutung ist, ist es sehr wichtig, dass bei der *Angebotsabgabe klare Prämissen* definiert werden (z. B. für PLZ-Gebiete, die Ladungsstruktur), für die der Preis gilt und wodurch dann eine klare Kalkulations- und ggf. Abrechnungsgrundlage besteht.

Erfreulich ist, dass dies bei 67,4 % der Unternehmen der Fall ist. Aber auch hier zeigen sich wieder Unterschiede zwischen den Unternehmensklassen. Während bei den großen Unternehmen 79,5 % der Unternehmen bei Ausschreibungen klare Prämissen setzen, sind dies bei den kleinen Unternehmen nur 61,4 %.

Auch wenn hier insgesamt viele Unternehmen gut aufgestellt zu sein scheinen, setzt knapp ein Drittel der Unternehmen keine klaren Prämissen bei den Ausschreibungen. Hier besteht zum einen die Gefahr, dass diese Unternehmen nicht in der Lage sind, Ausschreibungen professionell zu bearbeiten. Zum anderen besteht die weitaus größere Gefahr, bei einem Zuschlag Leistungen unter (schlechteren) Bedingungen erbringen zu müssen, die man bei der Angebotsabgabe nicht erwartet hat und damit ein erhebliches Ergebnisrisiko einzugehen.

Handlungsempfehlungen Offerten/Vertrieb

- Führen einer auswertbaren Angebotsdatenbank als Voraussetzung für eine einheitliche Preisbildung und Sicherung eines vergleichbaren Preisgefüges
- Sicherstellung, dass die heutigen und potenziellen Kunden das gesamte eigene Leistungsangebot kennen, als Voraussetzung dafür, das gesamte Leistungspaket vermarkten zu können
- Sicherstellung, dass für die Hauptkunden mindestens zwei qualifizierte Ansprechpartner zur Verfügung stehen, damit bei einem Ausfall der Kundenkontakt trotzdem gewährleistet ist

- Erstellen eines klaren Akquisitionsplans in Bezug auf aktuelle und potenzielle Kunden sowie Definition von klaren Vertriebszielen als Voraussetzung für eine systematische Marktbearbeitung
- Definition klarer vertraglicher Regelungen mit den Kunden über Abrechnungsmodalitäten und Zahlungsziele, um eine eindeutige Abrechnungsbasis zu haben
- Anstreben von längerfristigen Verträgen, um eine hohe Kundenbindung zu gewährleisten und kurzfristige Auftragsverluste möglichst zu vermeiden
- Sofern längerfristige Verträge abschlossen werden, sollten Preisgleitklauseln definiert werden, um mögliche Kostensteigerungen während der Vertragslaufzeit möglichst abzufedern
- Sicherstellung eines professionellen Internetauftritts als wichtiges Instrument für die Außendarstellung und eine zentrale Möglichkeit, das eigene Leistungsangebot darzustellen
- Sicherstellung einer Beteiligung an für das eigene Unternehmen relevanten Ausschreibunge als Voraussetzung dafür, ausschreibungsbasierte Marktpotenziale auch ausschöpfen zu können
- Sicherstellung, dass bei der Angebotsabgabe bei Ausschreibungen klare Prämissen als Kalkulationsgrundlage und spätere Abrechnungsbasis definiert werden

Kostenrechnung/Controlling 6

Im Themenbereich „Kostenrechnung/Controlling" ging es zunächst um die Frage, ob die Unternehmen über ein *monatliches Reporting* verfügen, aus dem die relevanten Unternehmenskennzahlen (Aufträge, Umsätze, Personalstunden, Leistungskennziffern …) inklusive Frühindikatoren hervorgehen (Abb. 6.1). Dies wird von ca. zwei Drittel der Befragten bejaht (66,9 %), wobei hier größere Unternehmen mit 81,6 % wesentlich besser aufgestellt zu sein scheinen als kleinere Transport- und Logistikunternehmen (59,8 %; Abb. 6.2).

Bei den Unternehmen, die nicht über ein entsprechendes Reporting verfügen, besteht die Gefahr, dass diese die Ergebnisentwicklung erst dann sehen, wenn die Monatsdaten vorliegen. Diese Ergebnisse erhalten die Unternehmen jedoch oftmals zu spät und zu wenig differenziert, sodass Sie prüfen sollten, ein Kennzahlensystem mit den relevanten Kennzahlen und Frühindikatoren aufzubauen, um frühzeitig gegensteuern zu können.

Weiterhin wurden die Unternehmen danach gefragt, ob sie genau wissen, wie hoch die *Deckungsbeiträge bei ihren Kunden und Produkten* sind. Während die Mehrheit der Unternehmen über ein monatliches Reporting zum Unternehmen verfügt, kennt nur eine Minderheit von 44,1 % die genauen Deckungsbeiträge bei ihren Kunden und Produkten. Auch hier sind größere Unternehmen etwas besser aufgestellt (61,7 % zu 35,7 %).

Die Unkenntnis über die Deckungsbeiträge lässt vermuten, dass viele Unternehmen ihre tatsächlichen variablen Kosten bzw. Grenzkosten bei ihren Leistungen nicht kennen. Dadurch sind sie auch nicht in der Lage, eine Deckungsbeitragsrechnung durchzuführen und im Einzelfall zu entscheiden, ob sie mit niedrigen Preisen zumindest noch wichtige Deckungsbeiträge erzielen. Daher wird diesen Unternehmen dringend geraten, die variablen Kosten bei Ihren Leistungen zu ermitteln und eine kunden- und produktbezogene Deckungsbeitragsrechnung einzuführen.

© Springer Fachmedien Wiesbaden 2016
P. Wittenbrink, *Strategie-Check Transport- und Logistikunternehmen*, essentials,
DOI 10.1007/978-3-658-14336-7_6

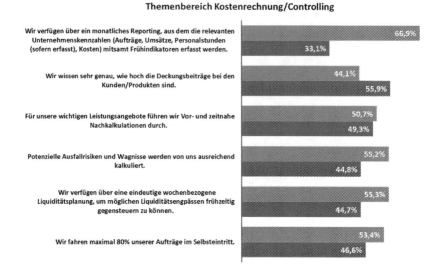

Abb 6.1 Ergebnisse Kostenrechnung/Controlling – sämtliche Unternehmen

Im Zusammenhang mit den Deckungsbeiträgen und der Kostenrechnung stellt sich auch die Frage, ob die Unternehmen für ihre wichtigen Leistungsangebote eine *Vor- und Nachkalkulation* durchführen, was immerhin knapp jedes zweite Unternehmen für sich als zutreffend bezeichnet (50,7 %). Dabei ist dieser Anteil bei kleineren Unternehmen mit 48,0 % etwas geringer als bei den größeren Unternehmen mit 56,3 %.

Erschreckend ist, dass fast jedes zweite Unternehmen keine derartigen Kalkulationen durchführt. Eine Nachkalkulation führen diese Unternehmen nur im Ausnahmefall durch, weil hierfür die Instrumente oder die Zeit fehlen. Dadurch können sie kaum abschätzen, ob bzw. inwieweit Ihre Kalkulationsannahmen richtig waren und wie die tatsächliche Ergebnissituation bei den Projekten aussieht. Daher sollten Sie zumindest für die wichtigen Projekte bzw. Kunden eine Nachkalkulation erstellen.

Bei der Kalkulation ist es auch wichtig, *potenzielle Ausfallrisiken und Wagnisse* ausreichend in die Kalkulation einzubeziehen. Hier geben 55,2 % der Unternehmen an, entsprechende Vorkehrungen getroffen zu haben, wobei auch hier der Wert bei den größeren Unternehmen im Vergleich zu den kleineren Unternehmen etwas höher liegt (59,6 % zu 53,1 %).

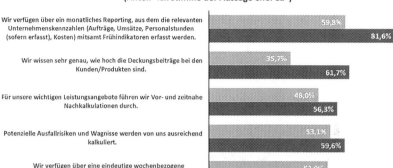

Abb 6.2 Ergebnisse Kostenrechnung/Controlling – Differenzierung nach Unternehmensgröße

Angesichts des enormen Markt- und Preisdrucks verzichten einige Unternehmen darauf, potenzielle Ausfallrisiken und Wagnisse einzukalkulieren. Nicht selten ist die Folge, dass, obwohl diese Unternehmen eigentlich nach ihren Kalkulationen Geld verdienen müssten, das endgültige Ergebnis sehr viel schlechter aussieht als erwartet. Ein Grund kann in den nicht kalkulierten Wagnissen liegen. Daher wird diesen Unternehmen empfohlen, in Zukunft die Wagnisse, z. B. im Rahmen eines pauschalen Zuschlagsatzes bei der Kalkulation, stärker zu berücksichtigen.

Zentral für den Unternehmenserfolg ist auch die *Liquiditätsplanung,* da bei mangelnder Liquidität die Gefahr einer Insolvenz besteht. Daher wurden die Unternehmen danach gefragt, ob sie über eine eindeutige wochenbezogene Liquiditätsplanung verfügen, um möglichen Liquiditätsengpässen frühzeitig gegensteuern zu können. Nach der Umfrage geben 55,3 % der Unternehmen an, hier entsprechende Vorkehrungen getroffen zu haben. Aber auch hier sind die kleineren Unternehmen unterrepräsentiert. Während 62,8 % der großen Unternehmen eine entsprechende Planung vornehmen, liegt dieser Anteil bei den kleinen Unternehmen nur bei 52,0 %. Nicht über eine gute Liquiditätsplanung zu verfügen, kann eine gefährliche Strategie sein. Daher wird diesen Unternehmen dringend empfohlen, eine Liquiditätsplanung über die anstehenden Ein- und Auszahlungen einzuführen.

In Zeiten großer Marktvolatilität ist es wichtig, nicht die kompletten Aufträge mit eigenen Fahrzeugen im *Selbsteintritt* zu fahren, sondern diese eher mit der gesicherten Grundlast auszulasten und für die zusätzliche Nachfrage Subunternehmer einzusetzen. Dieser Strategie folgen auch 53,1 % der befragten Unternehmen, wobei dieser Wert bei kleineren Unternehmen etwas geringer ist (50,0 %). Weit mehr als 40 % der Unternehmen erbringen mehr als 80 % der Leistungen im Selbsteintritt, sodass sie Auftragsrückgänge kaum durch reduzierten Subunternehmereinsatz kompensieren können und die Gefahr teurer Überkapazitäten besteht. Daher sollten diese Unternehmen anstreben, die Größe des eigenen Fuhrparks zu überprüfen und mehr Subunternehmer einzusetzen.

Handlungsempfehlungen Kostenrechnung und Controlling

- Erstellen eines monatlichen Reportings, aus dem die relevanten Unternehmenskennzahlen (Aufträge, Umsätze, Personalstunden, Leistungskennziffern …) sowie Frühindikatoren hervorgehen, um frühzeitig negativen Entwicklungen gegensteuern zu können
- Regelmäßige Analyse der Deckungsbeiträge bei den wichtigen Kunden und Produkten als wichtige Information für die Preispolitik und zur Ableitung von Preisuntergrenzen
- Durchführung einer regelmäßigen Vorkalkulation und einer zeitnahen Nachkalkulation als wichtige Basis für Preis- und Angebotsbildung und die Ausrichtung der Produkte
- Ausreichende Berücksichtigung von potenziellen Ausfallrisiken und Wagnissen bei der Kalkulation, um sämtliche Kosten bei der Kalkulation zu berücksichtigen
- Systematische Durchführung einer wochenbezogenen Liquiditätsplanung, um mögliche Liquiditätsengpässe frühzeitig zu erkennen und gegensteuern zu können
- Vermeidung einer zu hohen Fertigungstiefe bzw. eines zu hohen Selbsteintritts, um bei Auftragsrückgängen mit reduziertem Subunternehmereinsatz reagieren zu können

Strategie 7

Im Themenbereich „Strategie" wurden die Unternehmen zunächst danach gefragt, ob sie ihre *wettbewerbsrelevanten Stärken und Fähigkeiten* kennen und diese gezielt im Wettbewerb einsetzen. Dies wird von 77 % der Unternehmen so eingeschätzt (Abb. 7.1), wobei keine großen Unterschiede zwischen großen und kleinen Unternehmen bestehen (Abb. 7.2).

Knapp jedes fünfte Unternehmen kennt jedoch die wettbewerbsrelevanten Stärken und Schwächen kaum und kann diese daher nur bedingt gezielt im Wettbewerb einsetzen. Daher wird diesen Unternehmen empfohlen, systematisch zu ermitteln, warum ihre Kunden mit ihnen arbeiten und auch aus welchen Gründen sie Kunden verloren haben.

Nur etwas mehr als ein Drittel der Unternehmen (34,1 %) hat die externen *Chancen und Risiken* in den für sie relevanten Märkten genau identifiziert und darauf aufbauend Maßnahmen zur Ausnutzung der Chancen und zur Begegnung der Risiken entwickelt. Gleichzeitig geben jedoch fast zwei Drittel der Unternehmen an, dass dies nicht für sie zutrifft. Dadurch besteht die Gefahr, dass diese Unternehmen wichtige Veränderungen in den Märkten zu spät erkennen und dann kaum noch in der Lage sind, frühzeitig zu reagieren. Zudem ist anzunehmen, dass diesen Unternehmen ein systematisches Risikomanagement fehlt.

Ein Drittel der Unternehmen (33,1 %) hat eine klare Vorstellung darüber, wie sich die für sie *relevanten Märkte entwickeln,* wobei hier große Unternehmen mit 46,5 % wesentlich besser aufgestellt sind als kleine mit 26,9 %. Besteht keine klare Vorstellung über die Entwicklung der Märkte, sind die Unternehmen kaum in der Lage, Chancen und Risiken im Markt zu identifizieren und notwendige Maßnahmen einzuleiten. Daher wird diesen Unternehmen dringend empfohlen, die für sie relevanten Märkte stärker zu beobachten, Marktrecherchen zu erstellen und geeignete Fachzeitschriften und Brancheninformationen zu analysieren.

© Springer Fachmedien Wiesbaden 2016
P. Wittenbrink, *Strategie-Check Transport- und Logistikunternehmen,* essentials,
DOI 10.1007/978-3-658-14336-7_7

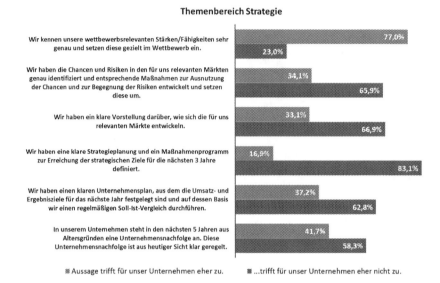

Abb 7.1 Ergebnisse Strategie – sämtliche Unternehmen

Nur ein kleiner Teil der Unternehmen (16,9 %) verfügt über eine klare *Strategieplanung und ein Maßnahmenprogramm* zur Erreichung der strategischen Ziele für die nächsten drei Jahre. Bei den größeren Unternehmen ist dieser Wert mit 20,8 % etwas höher.

Der überwiegende Teil der befragten Transport- und Logistikunternehmen hat also nur eine vage Vorstellung davon, wie sich ihr Unternehmen in den nächsten Jahren entwickeln soll. Es ist anzunehmen, dass deren Geschäftsentwicklung maßgeblich durch das Tagesgeschäft dominiert wird. Da diese Unternehmen vermutlich auch keine klaren Vorstellungen über die Unternehmensziele haben, besteht deren Strategie vermutlich maßgeblich darin, möglichst hohe Umsätze zu generieren, um über die Auslastung hoffentlich bessere Ergebnisse zu erzielen. Eine klare Unternehmensstrategie ist das nicht. Daher wird diesen Unternehmen geraten, sich systematisch Gedanken über die zukünftige Entwicklung zu machen.

Nur etwas mehr als ein Drittel (37,2 %) der Unternehmen gibt an, über einen *klaren Unternehmensplan* zu verfügen, in dem die Umsatz- und Ergebnisziele für das nächste Jahr festgelegt sind und auf dessen Basis ein regelmäßiger Soll-Ist-Vergleich möglich ist. Auch hier sind kleinere Unternehmen im Durchschnitt noch schlechter aufgestellt, nur 30 % geben an, über ein entsprechendes Instrumentarium zu verfügen. Bei den größeren Unternehmen sind es immerhin 51,1 %.

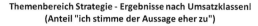

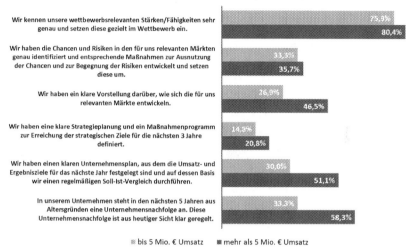

Abb 7.2 Ergebnisse Strategie – Differenzierung nach Unternehmensgröße

Sehr viele Unternehmen haben also keinen klaren Unternehmensplan. Insofern fehlt diesen Unternehmen eine entscheidende Voraussetzung dafür, systematisch ihren Unternehmenszielen zu folgen und etwaige Planabweichungen frühzeitig zu erkennen, um notwendige Gegenmaßnahmen zu entwickeln.

Die Unternehmen wurden auch danach gefragt, ob für den Fall, dass in ihrem Unternehmen in den nächsten fünf Jahren aus Altersgründen eine *Unternehmens-nachfolge* ansteht, diese klar geregelt ist. Dies wird nur von 41,7 % bejaht. Bei ca. zwei Drittel der kleinen Unternehmen und immerhin noch bei mehr als 40 % der großen Unternehmen (>5 Mio. € Umsatz) besteht hier Handlungsbedarf.

Handlungsempfehlungen Strategie

- Analyse der eigenen wettbewerbsrelevanten Stärken und Fähigkeiten, um diese gezielt im Wettbewerb einzusetzen
- Identifizierung der externen Chancen und Risiken in den für das eigene Unternehmen relevanten Märkten, um darauf aufbauend Maßnahmen zur Ausnutzung der Chancen und Begegnung der Risiken entwickeln zu können

- Entwicklung einer klaren Vorstellung darüber, wie sich die Kunden und die für das eigene Unternehmen relevanten Märkte entwickeln, um darauf reagieren zu können
- Aufbau und regelmäßige Aktualisierung einer klaren Strategieplanung für das eigene Unternehmen inklusive eines Maßnahmenprogramms zur Erreichung der strategischen Ziele für die nächsten drei Jahre
- Entwicklung eines klaren Unternehmensplans, in dem die Umsatz- und Ergebnisziele für das nächste Jahr festgelegt sind und auf dessen Basis ein regelmäßiger Soll-Ist-Vergleich möglich ist
- Sofern in den nächsten fünf Jahren eine Unternehmensnachfolge ansteht, ist diese klar vorzubereiten und zu regeln

Finanzen/Liquidität 8

81,3 % der befragten Unternehmen *überprüfen regelmäßig die Einhaltung der Zahlungsziele* durch ihre Kunden, bei diesen Unternehmen besteht ein klar definierter Mahnprozess (Abb. 8.1). Das ist insgesamt ein recht gutes Bild. Die wenigen Unternehmen, die nicht über ein entsprechendes Instrumentarium verfügen, sollten dieses aufbauen.

Bei fast allen Unternehmen ist die *zeitnahe Rechnungsstellung* sichergestellt (94,4 %), sodass es hier nicht zu unnötigen Verzögerungen beim Zahlungseingang kommt.

Erschreckend ist, dass nur bei 60,9 % der Unternehmen das *Eigenkapital bzw. die Reserven ausreichen, um auch ein Krisenjahr zu überstehen.* Fast 40 % sind hier also mangels Reserven in erheblichem Maße krisengefährdet. Bei kleinen Unternehmen ist diese Gefährdung noch etwas stärker ausgeprägt, geben doch nur 57,6 % an (Abb. 8.2), über ausreichende Reserven zu verfügen.

Angesichts der geringen Eigenkapitalbasis dieser Unternehmen ist es fraglich, ob diese die nächste Krise überstehen. Daher sollten sie noch mehr versuchen, Reserven aufzubauen und frühzeitig Überlegungen mit den Banken anstellen, um die finanzielle Situation ihres Unternehmens zu verbessern und im Krisenfall vorbereitet zu sein.

© Springer Fachmedien Wiesbaden 2016
P. Wittenbrink, *Strategie-Check Transport- und Logistikunternehmen*, essentials,
DOI 10.1007/978-3-658-14336-7_8

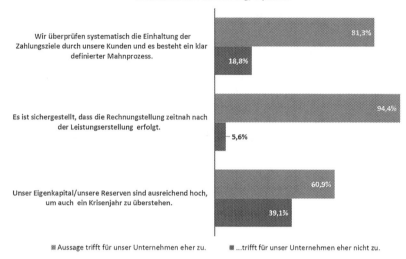

Abb 8.1   Ergebnisse Finanzen/Liquidität – sämtliche Unternehmen

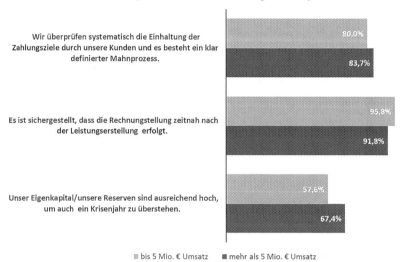

Abb 8.2   Ergebnisse Finanzen/Liquidität – Differenzierung nach Unternehmensgröße

Handlungsempfehlungen Finanzen/Liquidität

- Regelmäßige Überprüfung der Einhaltung der Zahlungsziele durch die Kunden sowie Definition eines klaren Mahnprozesses, um frühzeitig zu erkennen, wenn ein Zahlungsverzug droht und entsprechende Maßnahmen eingeleitet werden können
- Sicherstellung einer zeitnahen Rechnungsstellung, sodass es nicht zu unnötigen Verzögerungen beim Zahlungseingang kommt
- Sicherstellung einer Eigenkapitalbasis bzw. ausreichender Reserven, um auch ein Krisenjahr zu überstehen

In Bezug auf den Themenbereich „Personal" haben 57,9 % der befragten Unternehmen eindeutig definiert, wer die Leistungsträger im Betrieb sind. Zudem haben diese Unternehmen ebenfalls klar definiert, wie die *Leistungsträger an das Unternehmen* gebunden werden (Abb. 9.1). Interessant ist, dass kleinere Unternehmen hier etwas besser aufgestellt sind (63,0 %) als große Unternehmen (47,9 %), was für eine größere Nähe zu den Mitarbeitern spricht.

Erstaunlich ist, dass ein wesentlicher Teil der Unternehmen anscheinend keine klare Vorstellung darüber hat, wer die Leistungsträger im eigenen Unternehmen sind. Daher wird diesen Unternehmen empfohlen, klar zu definieren, wer im Unternehmen zu den Leistungsträgern gehört und welche Maßnahmen bestehen, diese Mitarbeiter an das Unternehmen zu binden (z. B. Karriereentwicklung, Entlohnung, Prämien, regelmäßiger Kontakt mit Geschäftsleitung …).

Nur bei etwas mehr als der Hälfte der Unternehmen (52,5 %) bestehen für die zentralen *Schlüsselpositionen ausreichende Vertretungs- und Nachfolgeregelungen*. Die anderen Unternehmen sind kaum darauf vorbereitet, wenn Mitarbeiter auf den zentralen Schlüsselpositionen des Unternehmens ausfallen bzw. das Unternehmen verlassen. Insofern sollten diese Unternehmen für diese Positionen dringend eine Vertretungs- und Nachfolgeregelung schaffen.

Bei etwas mehr als einem Drittel (37,6 %) der Unternehmen bestehen klare Vorstellungen darüber, welche *Qualifikationsanforderungen an das Personal* bestehen. Zudem haben diese Unternehmen ein entsprechendes Qualifikationsprogramm gestartet. Den anderen Unternehmen wird geraten, sich systematisch Gedanken darüber zu machen, welche Anforderungen und Qualifikationen für welche Positionen benötigt werden und darauf aufbauend ein Qualifikationsprogramm starten. Abb. 9.2 zeigt die Differenzierung der Ergebnisse nach Unternehmensgröße, wobei hier der Eindruck entsteht, dass kleinere Unternehmen doch

© Springer Fachmedien Wiesbaden 2016   43
P. Wittenbrink, *Strategie-Check Transport- und Logistikunternehmen,* essentials,
DOI 10.1007/978-3-658-14336-7_9

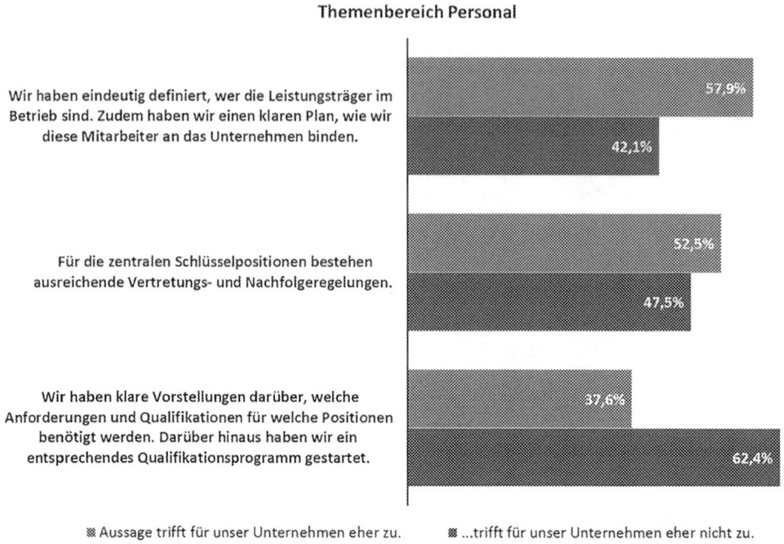

Themenbereich Personal

Wir haben eindeutig definiert, wer die Leistungsträger im Betrieb sind. Zudem haben wir einen klaren Plan, wie wir diese Mitarbeiter an das Unternehmen binden.

57,9%

42,1%

Für die zentralen Schlüsselpositionen bestehen ausreichende Vertretungs- und Nachfolgeregelungen.

52,5%

47,5%

Wir haben klare Vorstellungen darüber, welche Anforderungen und Qualifikationen für welche Positionen benötigt werden. Darüber hinaus haben wir ein entsprechendes Qualifikationsprogramm gestartet.

37,6%

62,4%

▓ Aussage trifft für unser Unternehmen eher zu.   ▓ ...trifft für unser Unternehmen eher nicht zu.

Abb. 9.1 Ergebnisse Personal

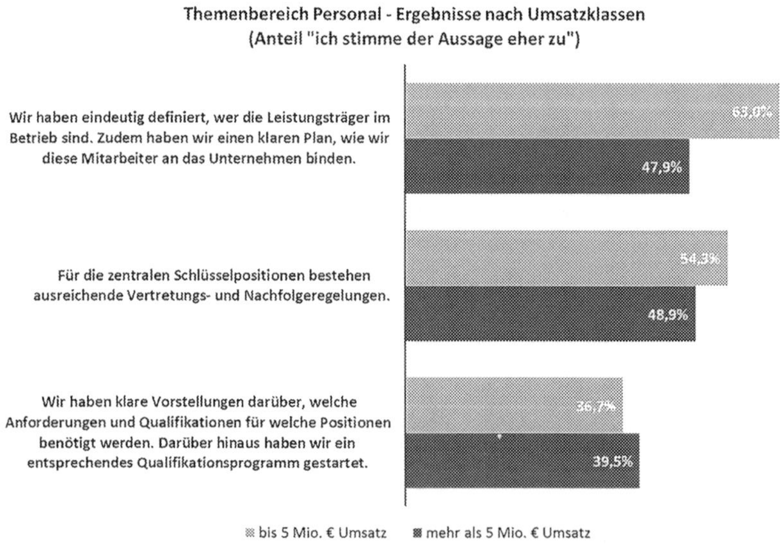

Themenbereich Personal - Ergebnisse nach Umsatzklassen
(Anteil "ich stimme der Aussage eher zu")

Wir haben eindeutig definiert, wer die Leistungsträger im Betrieb sind. Zudem haben wir einen klaren Plan, wie wir diese Mitarbeiter an das Unternehmen binden.

63,0%

47,9%

Für die zentralen Schlüsselpositionen bestehen ausreichende Vertretungs- und Nachfolgeregelungen.

54,3%

48,9%

Wir haben klare Vorstellungen darüber, welche Anforderungen und Qualifikationen für welche Positionen benötigt werden. Darüber hinaus haben wir ein entsprechendes Qualifikationsprogramm gestartet.

36,7%

39,5%

▓ bis 5 Mio. € Umsatz   ▓ mehr als 5 Mio. € Umsatz

Abb. 9.2 Ergebnisse Personal – Differenzierung nach Unternehmensgröße

etwas näher an den Mitarbeitern dran sind, da diese nach der Umfrage eher die Leistungsträger identifiziert und klare Vertretungs- und Nachfolgeregelungen getroffen haben.

Handlungsempfehlungen Personal

- Eindeutige Definition, wer die Leistungsträger im Unternehmen sind und darauf aufbauend Entwicklung eines Konzepts, wie diese Mitarbeiter an das Unternehmen gebunden werden können
- Festlegung ausreichender Vertretungs- und Nachfolgeregelungen für die zentralen Schlüsselpositionen, um bei einem Abgang von Leistungsträgern ausreichend vorbereitet zu sein
- Entwicklung klarer Vorstellungen darüber, welche Anforderungen und Qualifikationen für welche Positionen benötigt werden sowie darauf aufbauend Konzeption und Umsetzung eines entsprechenden Qualifikationsprogramms

Zum Abschluss der Befragung wurden die Unternehmen nach einer Einschätzung zu ihrer heutigen und zukünftigen Geschäftslage sowie ihrer Ergebnissituation gefragt. Da die Geschäftslage erheblich von der konjunkturellen Situation abhängt, liegen den Ergebnissen nur die Daten der Umfrage aus dem Frühjahr 2015 zugrunde.

Demnach schätzten zwei Drittel (66 %) der befragten Unternehmen im Frühjahr 2015 ihre *Geschäftslage* als gut ein. Mehr als jedes vierte Unternehmen (27 %) schätzte die Geschäftslage als schlecht ein, was ein erschreckender Wert ist. Ein sehr geringer Teil mit 6 % schätzt die Lage als sehr gut ein. Schaut man auf die unterschiedlichen Unternehmensgrößenklassen, zeigen sich kaum Unterschiede.

Neben der Geschäftslage wurden die Unternehmen auch nach ihrer *Ergebnissituation* gefragt. Hier zeigt sich, dass etwas mehr als die Hälfte der Unternehmen (53 %) die Ergebnissituation als gerade auskömmlich bezeichnet. Ein weiteres Drittel (36 %) bezeichnet die Lage sogar als eher gut. Nur knapp jedes zehnte Unternehmen beurteilt die eigene Ergebnissituation als weniger auskömmlich (Abb. 10.1), wobei interessant ist, dass die kleineren Transport- und Logistikunternehmen ihre Ergebnissituation als sehr viel besser einschätzen als die großen Unternehmen (Abb. 10.2).

Dies mag damit zusammenhängen, dass die großen Unternehmen eher im Stückgutverkehr tätig sind, bei dem aktuell die Preis- und Ergebnissituation eher als kritisch angesehen wird. Während nach der Umfrage z. B. bei den kleinen Unternehmen (<5 Mio. € Umsatz) nur ca. jedes vierte Unternehmen im Stückgutverkehr tätig ist, liegt dieser Anteil bei den größeren Unternehmen (>5 Mio. €) bei knapp drei Vierteln (77,8 %). Dazu passt auch, dass von den Unternehmen mit dem Schwerpunkt Stückgutverkehr ca. 25 % die Ergebnissituation als gerade

© Springer Fachmedien Wiesbaden 2016

P. Wittenbrink, *Strategie-Check Transport- und Logistikunternehmen*, essentials,
DOI 10.1007/978-3-658-14336-7_10

Wie schätzen Sie Ihre aktuelle Ergebnissituation ein?

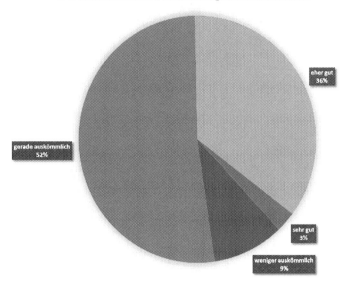

Abb. 10.1 Einschätzung der Ergebnissituation

Wie schätzen Sie Ihre aktuelle Ergebnissituation ein?

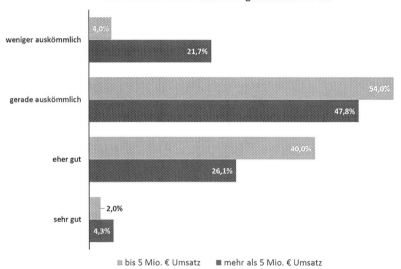

Abb. 10.2 Einschätzung der Ergebnissituation – Ergebnis nach Unternehmensgröße

auskömmlich bezeichnen, während dieser Anteil im Durchschnitt aller Branchen nur bei 9 % liegt. Eine andere Erklärung könnte sein, dass einige „große" Unternehmen zu groß sind, um schlank und flexibel auf Marktveränderungen zu reagieren bzw. in der Nische zu arbeiten. Gleichzeitig sind diese Unternehmen aber womöglich nicht groß genug, um nachhaltige Kostenvorteile zu realisieren.

Zusammenfassung und Fazit 11

Zwischen Herbst 2014 und Frühjahr 2015 wurden ca. 196 Transport- und Logistikunternehmen im Rahmen eines von der hwh Gesellschaft für Transport- und Unternehmensberatung mbH entwickelten „Strategie-Check Transport und Logistik" nach ihrer Strategie und Ansätzen zur Ergebnisverbesserung befragt. Die Entwicklung des Tools wurde finanziell von der ExxonMobil unterstützt. Zudem erfolgte eine fachliche Begleitung durch den Verband für Verkehrswirtschaft und Logistik NRW (VVWL).

Die Umfrage beinhaltete Fragen zu den Themenbereichen Kunden, Produkte, Preise, Offerten/Vertrieb, Kostenrechnung/Controlling, Strategie, Finanzen/Liquidität, Geschäftslage und Ergebnissituation. Zudem wurden Strukturdaten von den Unternehmen abgefragt. Im Ergebnis zeigt sich, dass heute zwar viele Unternehmen gut aufgestellt sind, bei nicht wenigen Unternehmen jedoch noch erhebliche Verbesserungspotenziale bestehen.

So befindet sich nach der Umfrage fast die Hälfte der befragten Unternehmen in einer hohen Abhängigkeit von Großkunden. Zudem sind bei fast einem Drittel der Befragten die eigenen Stärken und Schwächen im Vergleich zu den relevanten Wettbewerbern zu wenig bekannt.

Nach wie vor fehlt es in vielen Unternehmen an einer aussagekräftigen Kostenrechnung. Erstaunlich ist auch, dass nach der Umfrage ca. 40 % der Unternehmen keine Dieselpreisgleitklausel mit ihren Kunden vereinbart haben und somit der Unternehmenserfolg wesentlich von den Kraftstoffpreisen beeinflusst wird. Weniger als 30 % der Befragten verfügen über eine Angebotsdatenbank, in der die relevanten Offerten hinterlegt sind, um eine systematische Preisbildung zu erleichtern. Fast der Hälfte der Unternehmen gelingt es nicht, an den für sie relevanten Ausschreibungen beteiligt zu werden und es besteht Grund zu der Annahme, dass viele von ihnen auch nur bedingt in der Lage sind, die Ausschreibungen professionell zu bearbeiten.

© Springer Fachmedien Wiesbaden 2016
P. Wittenbrink, *Strategie-Check Transport- und Logistikunternehmen*, essentials,
DOI 10.1007/978-3-658-14336-7_11

Nur knapp über 40 % der Unternehmen berücksichtigen auch Ausfallrisiken und Wagnisse bei ihrer Kalkulation und führen für ihre wichtigsten Leistungsangebote eine Vor- und Nachkalkulation durch. Ein vergleichbarer Anteil der Unternehmen wickelt mehr als 80 % der Aufträge im Selbsteintritt mit eigenen Fahrzeugen ab, was erhebliche Auslastungsrisiken beinhaltet.

Nur ein knappes Drittel der Unternehmen hat sich Gedanken über die Chancen und Risiken in den für sie relevanten Märkten gemacht und hat klare Vorstellungen wie sich die für sie relevanten Märkte entwickeln. Viele Unternehmen kennen zwar ihre Kunden, nicht aber ihre Märkte. Zudem ist bei nur knapp 40 % der Unternehmen, bei denen in den nächsten fünf Jahren aus Altersgründen eine Unternehmensnachfolge ansteht, diese Nachfolge klar geregelt. Schließlich geben nur ca. 60 % der befragten Unternehmen an, dass ihre Reserven ausreichen, um ein Krisenjahr zu überstehen.

Insgesamt zeigt sich also durchaus Handlungsbedarf bei den Unternehmen, wobei dieser bei den kleineren Unternehmen mit einem Umsatz von bis zu 5 Mio. € noch etwas größer ist als bei den größeren mit mehr als 5 Mio. € Umsatz.

Im Idealfall verfügen die Unternehmen über eine klare Zielvorstellung über ihre strategische Positionierung in den nächsten Jahren. Nötig ist zudem ein Maßnahmenprogramm zur Erreichung der Ziele und zur Ausschöpfung von Ergebnisverbesserungspotenzialen. In vielen Fällen wäre es jedoch auch schon hilfreich, sich systematisch Gedanken über die eigene Zukunft zu machen und auf die zentralen Fragen der im Rahmen dieser Studie behandelten Themenbereiche eine Antwort zu haben. Das wäre ein wichtiger Schritt, um in einem schwierigen Marktumfeld Potenziale zur Ergebnisverbesserung auszuschöpfen und besser im Markt bestehen zu können.

Was Sie aus diesem *essential* mitnehmen können

- Beschreibt Ansätze von Transport- und Logistikunternehmen zur Ergebnisverbesserung
- Zeigt die Ergebnisse einer Umfrage zur strategischen Positionierung von Transport- und Logistikunternehmen
- Entwickelt auf Basis der Umfrageergebnisse konkrete Handlungsempfehlungen hinsichtlich folgender Themenbereiche:
  - Kunden
  - Produkte
  - Preise
  - Offerten/Vertrieb
  - Kostenrechnung/Controlling
  - Strategie
  - Finanzen/Liquidität
  - Personal
- Das *essential* kann als Checkliste zur ersten Überprüfung der strategischen Positionierung und der eigenen Ansätze zur Ergebnisverbesserung dienen.

© Springer Fachmedien Wiesbaden 2016

P. Wittenbrink, *Strategie-Check Transport- und Logistikunternehmen*, essentials,

DOI 10.1007/978-3-658-14336-7

Stichwortverzeichnis

A
Abrechnungsmodalitäten, 24
Akquisitionsplan, 24
Angebotsdatenbank, 23
Angebotsprämissen, 28
Ansprechpartner, 24
Ausfallrisiko, 32
Ausschreibung, 27

B
Branche, 10

C
Carbon Footprint, 14
Chancen, 35
Controlling, 31

D
Deckungsbeitrag, 31
Dieselpreisgleitklausel, 18

E
Eigenkapitelreserve, 39
Ergebnissituation, 47

F
Finanzen, 39

G
Geschäftslage, 47

H
Handlungsempfehlung
    controlling, 34
    finanzen, 41
    kostenrechnung, 34
    kunden, 12
    offerten, 28
    personal, 45
    preise, 20
    produkte, 16
    strategie, 37
    vertrieb, 28

I
Internetauftritt, 26

K
Kostenrechnung, 31
    controlling, 31

© Springer Fachmedien Wiesbaden 2016
P. Wittenbrink, *Strategie-Check Transport- und Logistikunternehmen*, essentials,
DOI 10.1007/978-3-658-14336-7

Lesen Sie hier weiter

Paul Wittenbrink

Transportmanagement
Kostenoptimierung, Green Logis-
tics und Herausforderungen an der
Schnittstelle Rampe

2. Auflage 2014, XXIII, 366 S., 142 Abb.
Softcover € 34,99
ISBN 978-3-8349-3376-8

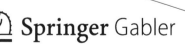

Printed in the United States
By Bookmasters